CB134203

William Luz

A família de Jesus

História inspirada no Santo Evangelho de Jesus, segundo Mateus, 12:46 a 50; Marcos, 3:31 a 35; e Lucas, 8:19 a 21.

Soldadinhos de Deus LBV

Boa Vontade KIDS

São Paulo/SP — Brasil — 2021

ELEVAÇÃO

Copyright © 2021 *by* Editora Elevação

Autor: William Luz

Produção editorial, desenhos e revisão: Equipe Soldadinhos de Deus

Coordenação e desenhos: William Luz

Impressão: Mundial Gráfica

Depósito legal na Biblioteca Nacional conforme
Decreto nº 1.825, de 20 de dezembro de 1907.

Dados Internacionais de Catalogação na Publicação (CIP)

L979f

Luz, William
A família de Jesus / William Luz. – São Paulo : Editora Elevação, 2021.
32 p. : il. color ; 24 x 24 cm. (Coleção Ecumênica O Santo Evangelho de Jesus ; 21)

ISBN 978-65-89664-09-3

1. **Quarta Revelação**. 2. Histórias bíblicas - Literatura Infantojuvenil. 3. Jesus Cristo. 4. Evangelho de Jesus. 5. Milagre. I. Título. II. Coleção

CDD-028.5

Índice para catálogo sistemático:

1. Jesus Cristo : Literatura infantojuvenil 028.5

Todos os direitos desta edição são reservados à Editora Elevação.

Rua Doraci, 2-A, sala 103 – Bom Retiro
São Paulo/SP – Brasil – CEP 01134-050

Central de Vendas e Informações: 0300 10 07 940
(custo de ligação local + impostos)

ELEVAÇÃO

www.elevacao.com.br

APRESENTAÇÃO

JESUS AMA A TODAS AS PESSOAS DO PLANETA TERRA E DESEJA QUE TODOS NÓS VIVAMOS EM PAZ. ASSIM, NA PASSAGEM BÍBLICA QUE VEREMOS NESTE LIVRO, QUE SE ENCONTRA EM SEU SANTO EVANGELHO, O DIVINO MESTRE IRÁ NOS REVELAR ALGO MUITO IMPORTANTE SOBRE FAMÍLIA, UM DOS MAIORES TESOUROS QUE PODEMOS TER NESTE MUNDO.

BOA LEITURA!

Tratado do Novo Mandamento de Jesus,

reunido por Paiva Netto, consoante o Evangelho do Cristo de Deus,
segundo **João**, 13:34 e 35; e 15:7, 8, 10 a 17 e 9.

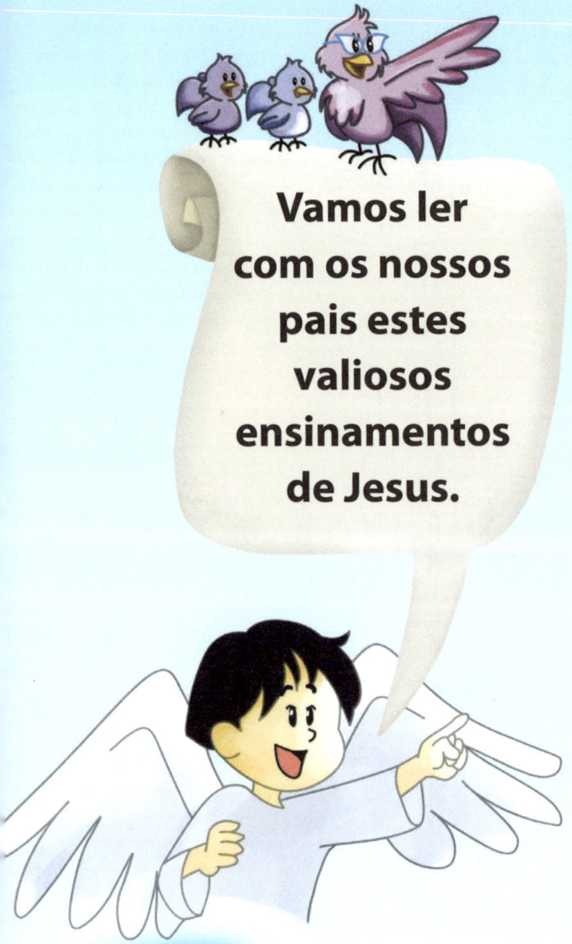

Ensinou Jesus, o Cristo Ecumênico, o Divino
Estadista*: "13:34 *Novo Mandamento vos dou:*
amai-vos como Eu vos amei. 13:35 *Somente assim*
podereis ser reconhecidos como meus discípulos,
se tiverdes o mesmo Amor uns pelos outros.

15:7 *Se permanecerdes em mim e as minhas palavras*
em vós permanecerem, pedi o que quiserdes, e vos
será concedido. 15:8 *A glória de meu Pai está em que*
deis muito fruto; e assim sereis meus discípulos.

15:10 *Se guardardes os meus mandamentos,*
permanecereis no meu Amor; assim como
tenho guardado os mandamentos de meu Pai e
permaneço no Seu Amor.

15:11 *Tenho-vos dito estas coisas a fim de que a*
minha alegria esteja em vós e a vossa alegria seja
completa.

15:12 *O meu Mandamento é este: que vos ameis*
como Eu vos tenho amado. 15:13 *Não há maior Amor*
do que doar a própria vida pelos seus amigos.
15:14 *E vós sereis meus amigos se fizerdes o que*

Eu vos mando. 15:17 E Eu vos mando isto: amai-vos
como Eu vos amei.

15:15 Já não mais vos chamo servos, porque o servo
não sabe o que faz o seu senhor; mas tenho-vos
chamado amigos, porque tudo quanto aprendi
com meu Pai vos tenho dado a conhecer.

15:16 Não fostes vós que me escolhestes; pelo
contrário, fui Eu que vos escolhi e vos designei
para que vades e deis bons frutos, de modo que o
vosso fruto permaneça, a fim de que tudo quanto
pedirdes ao Pai em meu nome Ele vos conceda.

15:17 E isto Eu vos mando: que vos ameis como
Eu vos tenho amado. 15:9 Porquanto, da mesma
forma como o Pai me ama, Eu também vos amo.
Permanecei no meu Amor".

* **Jesus, o Cristo Ecumênico, o Divino Estadista** — Leia sobre o assunto na página 32.

QUANDO JESUS CHEGAVA
A UMA CIDADE, VILA
OU POVOADO, TODOS
CORRIAM PARA OUVIR SEUS
ENSINAMENTOS.

A PALAVRA BENDITA DO DIVINO PROFESSOR TRANSFORMAVA TUDO À SUA VOLTA. MUITOS SENTIAM O CORAÇÃO AQUECIDO E ENVOLVIDO POR UMA FELICIDADE QUE JAMAIS SE APAGARIA DA ALMA.

As crianças sempre procuravam ficar pertinho de Jesus para receber as Suas bênçãos e aprender com Ele.

OS PEQUENINOS NEM PISCAVAM, PARA NÃO PERDER UM SEGUNDO DAQUELE ENCONTRO ÚNICO.

CERTO DIA, ENQUANTO JESUS ENSINAVA À MULTIDÃO QUE O ACOMPANHAVA, SUA QUERIDA MÃE, A VIRGEM MARIA, E SEUS IRMÃOS* CHEGARAM AO LOCAL ONDE O CRISTO ESTAVA.

*O saudoso Irmão Alziro Zarur (1914-1979) ensinava que, naquele tempo, era comum chamar de irmãos os primos e até mesmo os parentes mais distantes.

COMO O LOCAL ESTAVA LOTADO, ELES NÃO TINHAM COMO SE APROXIMAR DO DIVINO AMIGO. ASSIM, ALGUNS QUE ESTAVAM AO LADO DE JESUS DISSERAM:

— MESTRE, SUA MÃE E SEUS IRMÃOS ESTÃO LÁ FORA. ELES QUEREM FALAR COM O SENHOR.

APÓS ESCUTAR O QUE DISSERAM, JESUS, QUE SEMPRE FOI UM FILHO BOM E UM EXEMPLO DE CUIDADO E DE RESPONSABILIDADE COM A FAMÍLIA, PERGUNTOU:

— QUEM É MINHA MÃE? E QUEM SÃO MEUS IRMÃOS?

E, OLHANDO A TODOS OS QUE ESTAVAM SENTADOS À SUA VOLTA, DISSE:

— AQUI ESTÃO A MINHA MÃE E OS MEUS IRMÃOS! POIS QUEM FAZ A VONTADE DE DEUS, ESTE É MEU IRMÃO, MINHA IRMÃ E MINHA MÃE.

GRANDE FOI A ALEGRIA DE TODOS OS QUE SEGUIAM VERDADEIRAMENTE JESUS, POIS COMPREENDERAM QUE TAMBÉM FAZIAM PARTE DE SUA FAMÍLIA DIVINA.
JESUS, O DIVINO GOVERNANTE DO PLANETA TERRA, E SUA MÃE, MARIA SANTÍSSIMA, A MÃE UNIVERSAL DA HUMANIDADE.

Comentário

William Luz

Queridos Soldadinhos de Deus, a vontade do Pai Celestial é que coloquemos em prática o Divino Amor ensinado por Jesus por meio das nossas Boas Ações, vivendo, com todo o coração e em todos os momentos de nossa vida, os ensinamentos do Cristo Ecumênico, o Divino Estadista.

Irmão Paiva

O Irmão Paiva nos ensina que ***"Jesus, ao afirmar que Sua Mãe e Seus irmãos são aqueles que cumprem a Palavra ou a Vontade do Pai que está nos Céus, nos deu uma das mais importantes lições para a vivência fraterna entre os seres humanos, pois nos revela que fazemos parte da Grande Família Humanidade (...)"***.

Portanto, pratiquemos sempre o Bem com Boa Vontade para sermos merecedores de pertencer a essa grande família: **a Família de Jesus!**

CADERNO DE ATIVIDADES

DESCUBRA O CAMINHO

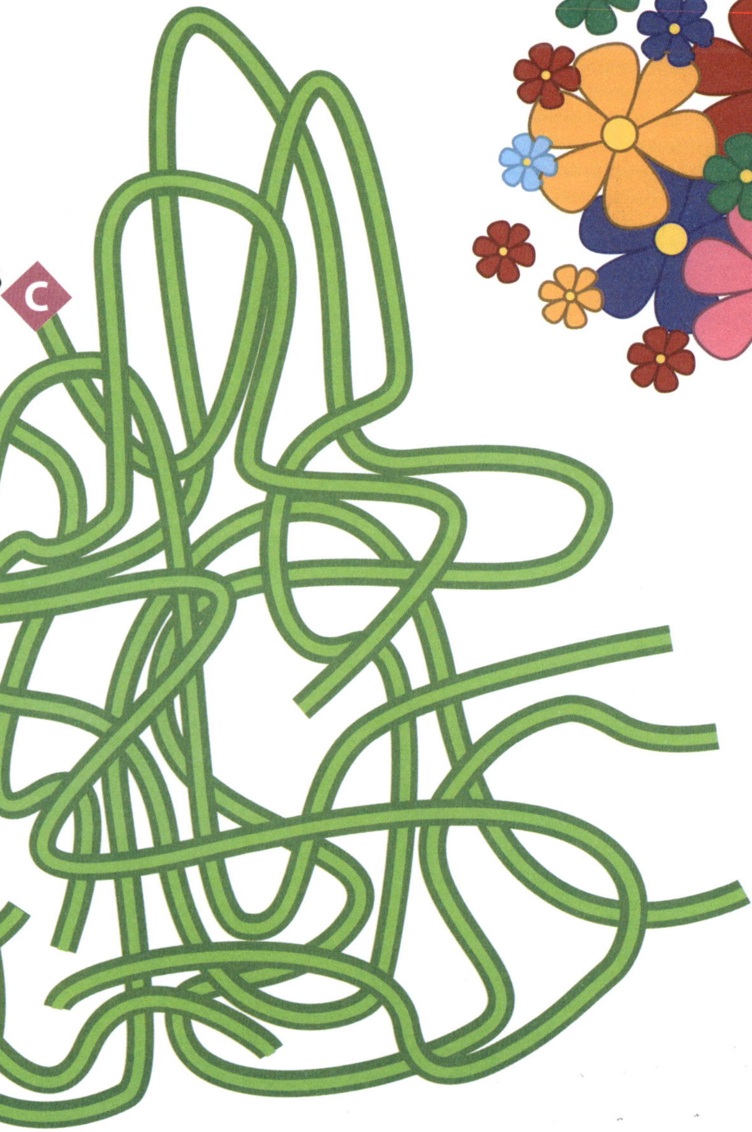

QUANTAS FLORES EXISTEM ABAIXO?

QUAL DOS DETALHES CORRESPONDE À FIGURA EM DESTAQUE?

DESCUBRA O CAMINHO MAIS CURTO (DE MENOR SOMA) PARA QUE OS AMIGOS SE ENCONTREM

Respostas na página 31

VAMOS COLORIR?

DESCUBRA OS 7 ERROS

Respostas na página 31

VAMOS COLORIR?

COMPLETE O DESENHO E PINTE

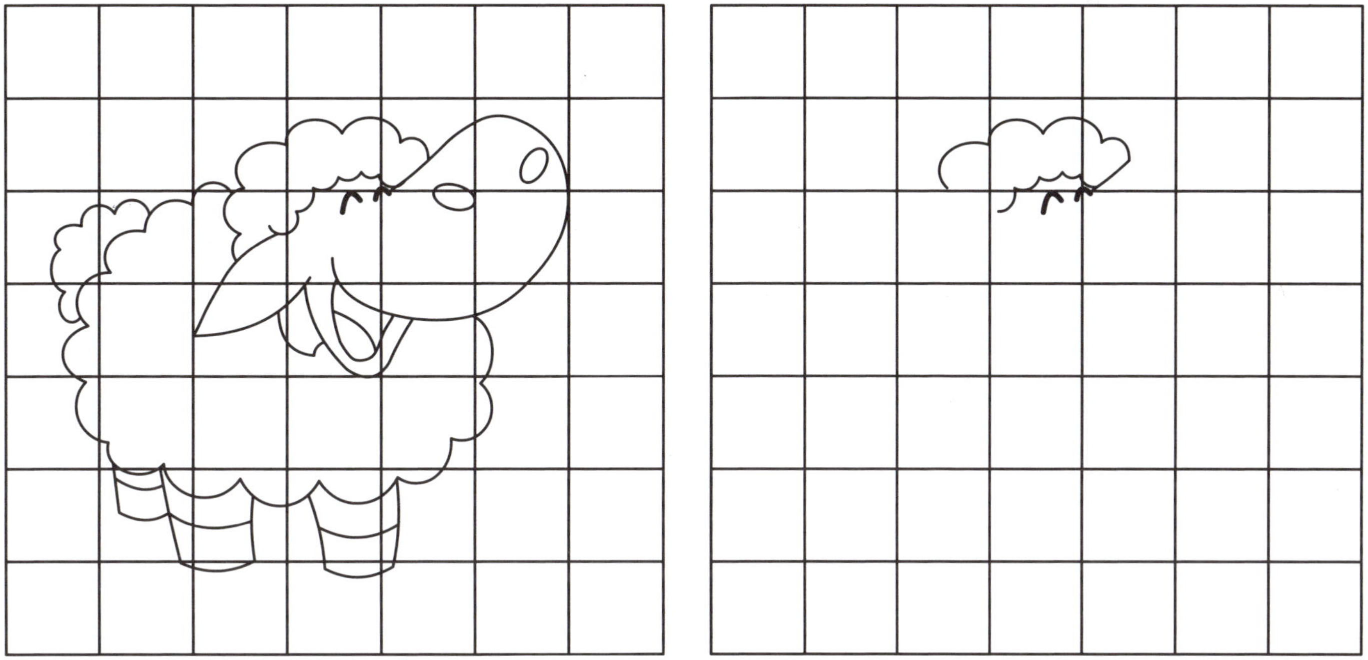

DESCUBRA A FRASE

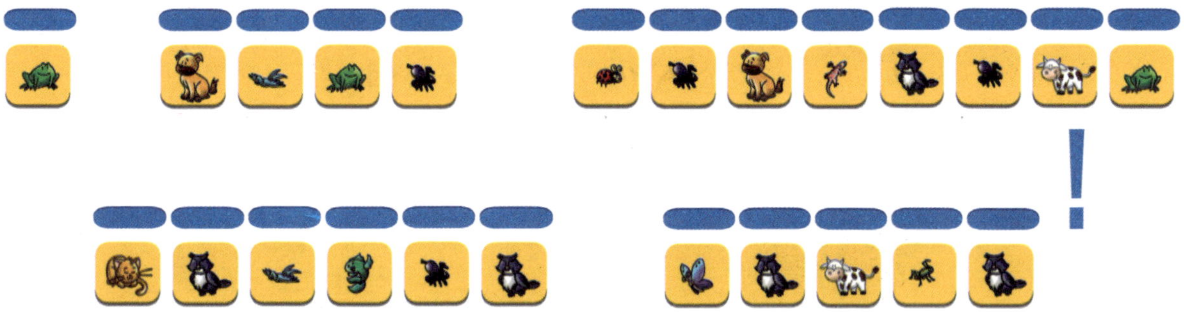

Respostas na página 31

ACHE AS SOMBRAS

VAMOS COLORIR?

AJUDE OS PASSARINHOS A SE ENCONTRAR

DESCUBRA OS 7 ERROS

Respostas na página 31

VAMOS COLORIR?

AJUDE AS CRIANÇAS A IR AO ENCONTRO DE JESUS

Respostas na página 31

VAMOS COLORIR?

ENCONTRE NO DIAGRAMA AS SEGUINTES PALAVRAS: DEUS, JESUS, AMOR, UNIÃO, FAMÍLIA E HUMANIDADE.

H	V	A	E	R
U	N	I	Ã	O
M	C	L	M	M
A	A	Í	E	A
N	K	M	J	Ç
I	O	A	E	H
D	D	F	S	R
A	E	T	U	D
D	E	U	S	H
E	A	I	N	I

DESCUBRA A PALAVRA COLOCANDO CADA LETRA NO TRAÇO COM A COR CORRESPONDENTE ABAIXO

QUAL DOS PERSONAGENS CORRESPONDE AO DESTAQUE?

Respostas na página 31

LIGUE OS PONTOS E PINTE

VOCABULÁRIO DA HISTÓRIA

Boas Ações: Uma das Sete Campanhas da LBV: 1ª) Campanha do Bom Pensamento; 2ª) Campanha da Boa Palavra; 3ª) Campanha da Boa Ação; 4ª) Campanha da Boa Notícia; 5ª) Campanha da Boa Diversão; 6ª) Campanha da Boa Vizinhança; e 7ª) Campanha da Boa Vontade Mundial.
Bênção: Graça concedida por Deus; acontecimento feliz.
Celeste: Que é do Céu.
Divino: Vindo de Deus; referente a Deus, Nosso Pai.
Divino Estadista: Expressão criada por Paiva Netto, a qual indica que Jesus é o Divino Governante de nossas vidas e do planeta Terra.
Ecumênico: Universal; referente a todo o Universo e a todos os seres.
Evangelho: Boa Nova, Boa Notícia.
Fraternidade: Amor sincero, respeitoso, assim como o Amor de irmãos.

RESPOSTAS

Página 18:

Descubra o caminho
Resposta: A.

Quantas flores existem abaixo?
Resposta: 20.

Página 19:

Qual dos detalhes corresponde à figura em destaque?
Resposta: 4.

Descubra o caminho mais curto (de menor soma) para que os amigos se encontrem
Resposta: Caminho marrom (valor igual a 19).

Página 21:

Descubra os 7 erros

Página 23:

Descubra a frase
Resposta: O AMOR FRATERNO SEMPRE VENCE!

Página 24:

Ache as sombras
Respostas: 1-A, 2-C e 3-B.

Página 25:

Ajude os passarinhos a se encontrar

Descubra os 7 erros

Página 27:

Ajude as crianças a ir ao encontro de Jesus

Página 29:

DIAGRAMA

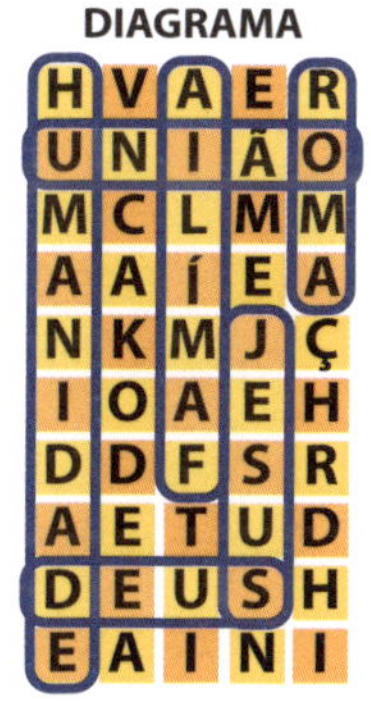

Descubra a palavra colocando cada letra no traço com a cor correspondente abaixo
Resposta: Família.

Qual dos personagens corresponde ao destaque?
Resposta: 1- A, 2- B e 3- B.

Jesus, o Cristo Ecumênico, o Divino Estadista

Aos pais, responsáveis e educadores, apresentamos este conceito criado pelo Presidente-Pregador da Religião de Deus, do Cristo e do Espírito Santo, José de Paiva Netto, durante histórica entrevista que concedeu, em 1989, ao produtor de documentários da TV polonesa, na época Vice-Presidente da Associação Universal de Esperanto, jornalista Roman Dobrzyński. Na ocasião, Roman, analisando a missão do Templo da Boa Vontade (TBV), o Templo do Ecumenismo Divino, que Paiva Netto inauguraria no dia 21 de outubro daquele ano, em Brasília/DF, Brasil, arguiu o dirigente da Religião do Amor Universal sobre como podia pregar o Ecumenismo Irrestrito falando em Jesus. Paiva Netto, então, discorreu acerca do tema, resumindo décadas de pregação dele a respeito de assunto tão fundamental da doutrina da Religião do Terceiro Milênio: *"Uma das grandes tarefas da Religião de Deus, do Cristo e do Espírito Santo, meu caro Roman, é dessectarizá-Lo, pois Jesus é o Cristo Ecumênico, portanto universal. (...) O Divino Mestre* ***não é limitado****. Ele é o Ideal Celeste de Humanidade, Amor, Solidariedade, Justiça e Compaixão para todos os seres espirituais e humanos.* ***Jesus é uma conquista diária para os que têm sede de Saber, de Misericórdia, de Fraternidade, de Generosidade, de Liberdade e Igualdade, segundo a Lei Universal da Reencarnação. Jesus, em Si mesmo, não constitui fator de rancores e guerras.*** *Pregou, com o Seu Novo Mandamento* — 'Amai-vos como Eu vos amei. Somente assim podereis ser reconhecidos como meus discípulos' *(Evangelho, segundo João, 13:34 e 35) —, o Amor elevado à enésima potência. O que as criaturas terrenas fizeram com a Sua Mensagem é criação reducionista delas (...). Revelar o excelso significado do Seu Evangelho e do Seu Apocalipse, sem odiosa intolerância, ou seja, em Espírito e Verdade, à luz do Seu Novo Mandamento de Amor Fraternal, é um destacado serviço que a Religião de Deus, do Cristo e do Espírito Santo está prestando à sociedade do mundo (...)"*. Cabe destacar que Roman se tornou admirador e divulgador desse Ideal de Boa Vontade, constantemente encaminhando à Religião do Amor Universal histórias e experiências vivenciadas quando de suas palestras e aulas em diversos lugares do globo, entre estas as ministradas na Universidade de Pequim, na China.